Multiplying and Dividing

Illustrated by
Claire Philpott

Designed and produced by
Autumn Publishing Ltd
Chichester, West Sussex, PO20 7EQ

Printed in Spain

ISBN 1 84531 030 6

Ladder multiples

Multiply the numbers and write the answers on the ladder on the right.

6	x	2	=	
4	x	4	=	
4	x	5	=	
7	x	3	=	

Puzzling times

Write the missing numbers to complete these times table puzzles.

	×	2	=	8
×		×		×
3	×		=	
=		=		=
	×	2	=	24

1	×		=	5
×		×		×
	×	2	=	4
=		=		=
	×	10	=	

Well done! Give yourself a gold tick.

Now stick a gold star on your diploma.

Times tables

Try to learn your times tables so that you can remember them.

1 × 1 = 1
2 × 1 = 2
3 × 1 = 3
4 × 1 = 4
5 × 1 = 5
6 × 1 = 6
7 × 1 = 7
8 × 1 = 8
9 × 1 = 9
10 × 1 = 10
11 × 1 = 11
12 × 1 = 12

1 × 2 = 2
2 × 2 = 4
3 × 2 = 6
4 × 2 = 8
5 × 2 = 10
6 × 2 = 12
7 × 2 = 14
8 × 2 = 16
9 × 2 = 18
10 × 2 = 20
11 × 2 = 22
12 × 2 = 24

1 × 3 = 3
2 × 3 = 6
3 × 3 = 9
4 × 3 = 12
5 × 3 = 15
6 × 3 = 18
7 × 3 = 21
8 × 3 = 24
9 × 3 = 27
10 × 3 = 30
11 × 3 = 33
12 × 3 = 36

1 × 4 = 4
2 × 4 = 8
3 × 4 = 12
4 × 4 = 16
5 × 4 = 20
6 × 4 = 24
7 × 4 = 28
8 × 4 = 32
9 × 4 = 36
10 × 4 = 40
11 × 4 = 44
12 × 4 = 48

Dinosaur threes

Multiply the numbers and write the answers on the rocks.

Well done! Give yourself a gold tick.

Now stick a gold star on your diploma.

Busy bees

Write the missing numbers in the boxes.
The first one has been done for you.

= 6

2 lots of 3 = 6 2 x 3 = 6

= ☐

3 lots of 3 = ☐ 3 x 3 = ☐

= ☐

4 lots of 3 = ☐ 4 x 3 = ☐

Flower power

Count the petals and write the answers. The first one has been done for you.

1 flower has [4] petals

2 flowers have [ ] petals

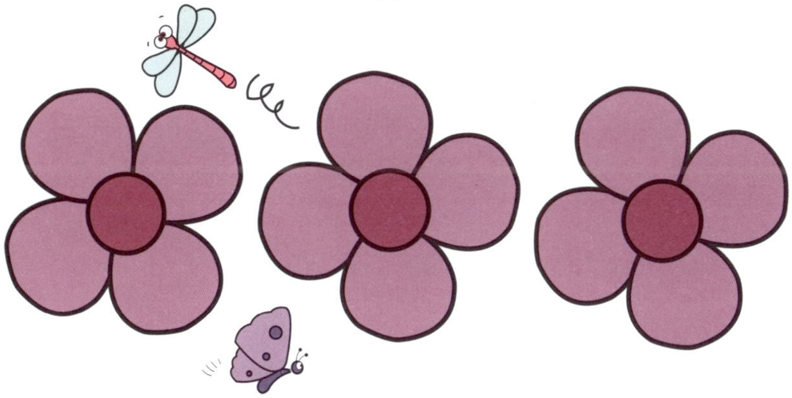

3 flowers have [ ] petals

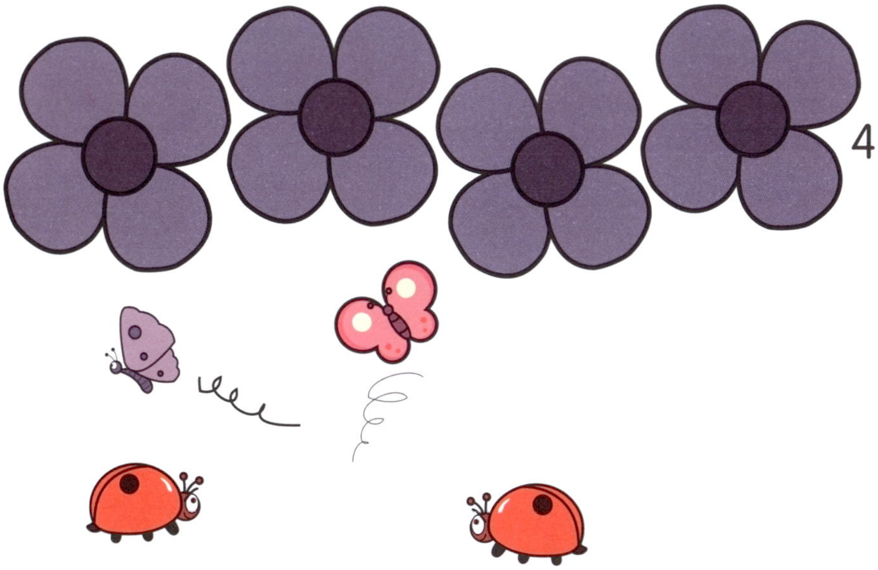

4 flowers have [ ] petals

Well done! Give yourself a gold tick.

Now stick a gold star on your diploma.

Maths is magic

Draw a line to join each multiplication to the correct answer.

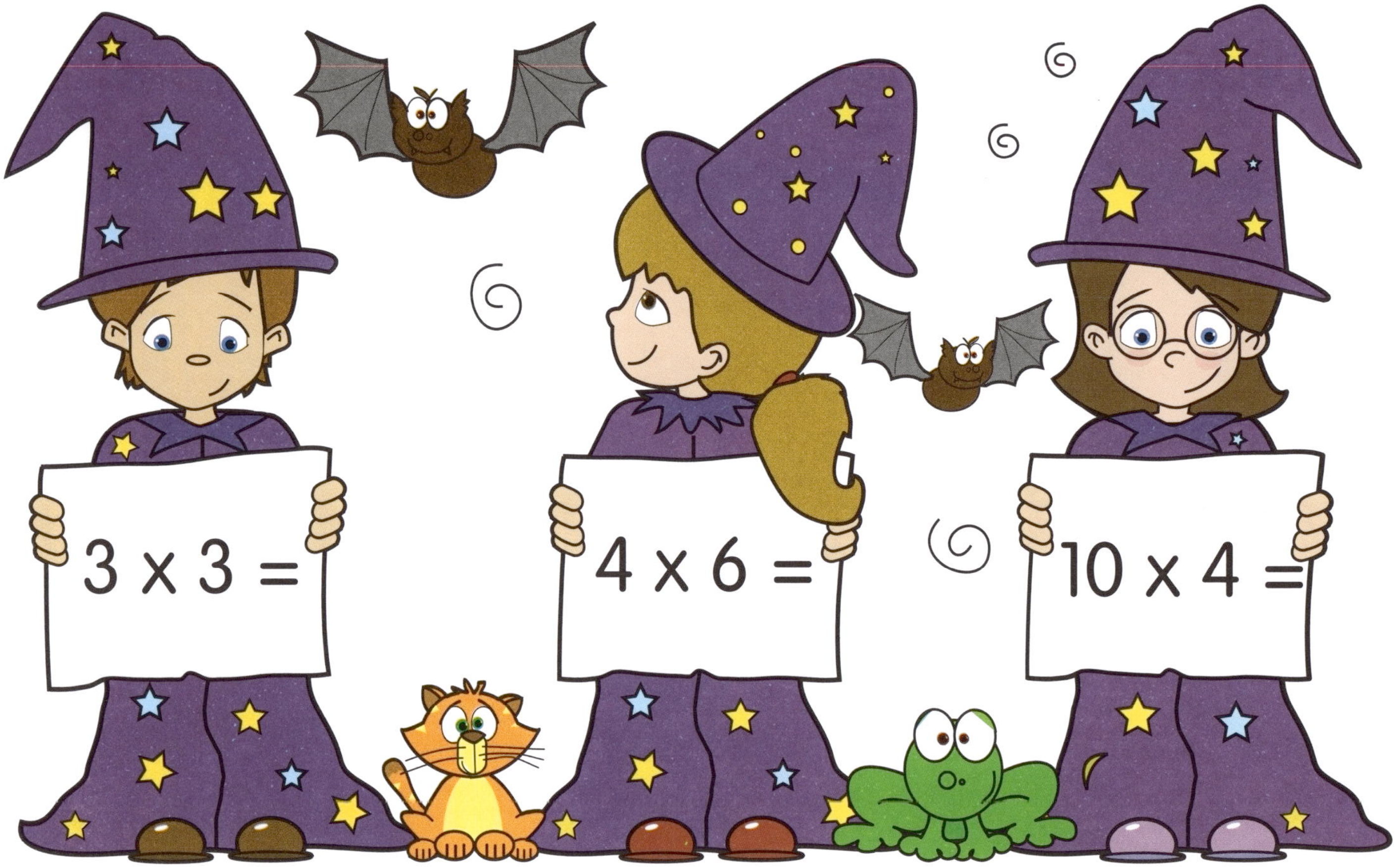

3 x 3 =

4 x 6 =

10 x 4 =

Time for a crossword

Complete the multiplications and write the answers as words in the crossword grid.

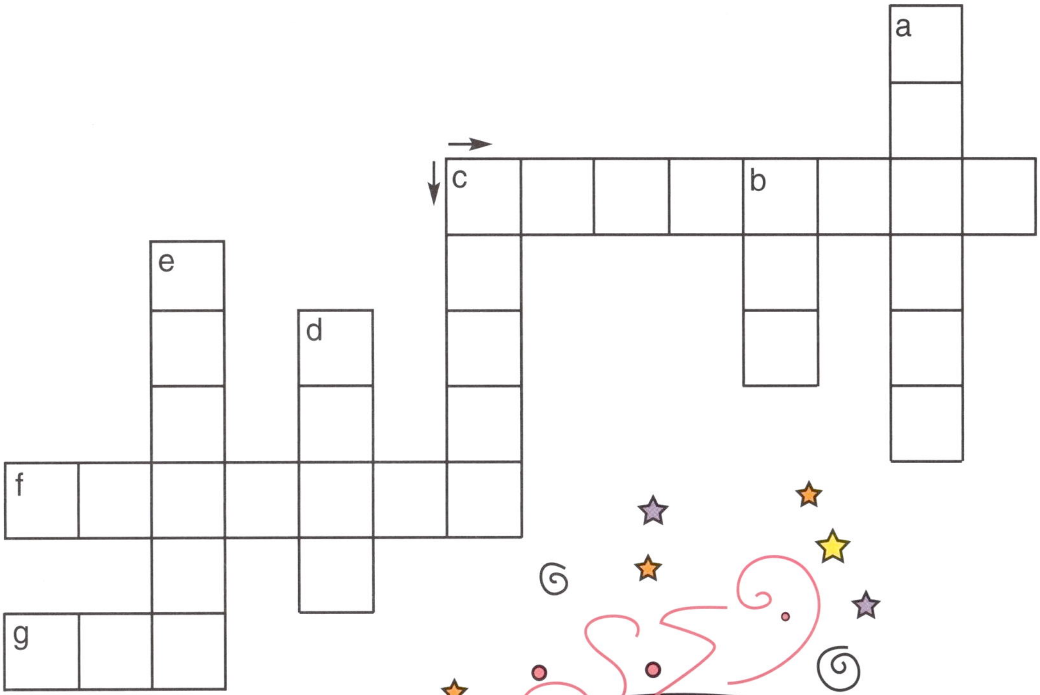

a 3 x 4 =		d 3 x 3 =	
b 2 x 1 =		e 1 x 11 =	
→ c 2 x 7 =		f 7 x 10 =	
↓ c 5 x 10 =		g 10 x 1 =	

Well done! Give yourself a gold tick.

Now stick a gold star on your diploma.

Times tables

Try to learn your times tables so that you can remember them.

5 times table	6 times table
1 x 5 = 5	1 x 6 = 6
2 x 5 = 10	2 x 6 = 12
3 x 5 = 15	3 x 6 = 18
4 x 5 = 20	4 x 6 = 24
5 x 5 = 25	5 x 6 = 30
6 x 5 = 30	6 x 6 = 36
7 x 5 = 35	7 x 6 = 42
8 x 5 = 40	8 x 6 = 48
9 x 5 = 45	9 x 6 = 54
10 x 5 = 50	10 x 6 = 60
11 x 5 = 55	11 x 6 = 66
12 x 5 = 60	12 x 6 = 72

7 times table	8 times table
1 x 7 = 7	1 x 8 = 8
2 x 7 = 14	2 x 8 = 16
3 x 7 = 21	3 x 8 = 24
4 x 7 = 28	4 x 8 = 32
5 x 7 = 35	5 x 8 = 40
6 x 7 = 42	6 x 8 = 48
7 x 7 = 49	7 x 8 = 56
8 x 7 = 56	8 x 8 = 64
9 x 7 = 63	9 x 8 = 72
10 x 7 = 70	10 x 8 = 80
11 x 7 = 77	11 x 8 = 88
12 x 7 = 84	12 x 8 = 96

Space times

Multiply the numbers on the spaceships and draw lines to the correct answers.

7 x 7

6 x 6

8 x 8

= 36

= 64

= 49

Well done! Give yourself a gold tick.

Now stick a gold star on your diploma.

Times tables

Try to learn your times tables so that you can remember them.

1 x 9 = 9
2 x 9 = 18
3 x 9 = 27
4 x 9 = 36
5 x 9 = 45
6 x 9 = 54
7 x 9 = 63
8 x 9 = 72
9 x 9 = 81
10 x 9 = 90
11 x 9 = 99
12 x 9 = 108

1 x 10 = 10
2 x 10 = 20
3 x 10 = 30
4 x 10 = 40
5 x 10 = 50
6 x 10 = 60
7 x 10 = 70
8 x 10 = 80
9 x 10 = 90
10 x 10 = 100
11 x 10 = 110
12 x 10 = 120

1 x 11 = 11
2 x 11 = 22
3 x 11 = 33
4 x 11 = 44
5 x 11 = 55
6 x 11 = 66
7 x 11 = 77
8 x 11 = 88
9 x 11 = 99
10 x 11 = 110
11 x 11 = 121
12 x 11 = 132

1 x 12 = 12
2 x 12 = 24
3 x 12 = 36
4 x 12 = 48
5 x 12 = 60
6 x 12 = 72
7 x 12 = 84
8 x 12 = 96
9 x 12 = 108
10 x 12 = 120
11 x 12 = 132
12 x 12 = 144

Jungle multiplications

Work out the missing numbers to complete these multiplications.

2 x ☐ = 4

☐ x 5 = 15

7 x ☐ = 14

3 x 3 = ☐

☐ x 5 = 30

9 x ☐ = 18

4 x 5 = ☐

☐ x 3 = 3

4 x 4 = ☐

7 x ☐ = 56

☐ x 4 = 8

11 x 3 = ☐

9 x ☐ = 45

6 x ☐ = 36

8 x 3 = ☐

☐ x 7 = 28

Well done! Give yourself a gold tick.

Now stick a gold star on your diploma.

Ready for Test 1

Do the multiplications and write the answers in the boxes.

4 x 1 = ☐

2 x 2 = ☐

4 x 5 = ☐

8 x 8 = ☐

1 x 3 = ☐

5 x 8 = ☐

6 x 7 = ☐

11 x 2 = ☐

10 x 10 = ☐

6 x 9 = ☐

3 x 12 = ☐

2 x 8 = ☐

7 x 6 = ☐

5 x 5 = ☐

3 x 6 = ☐

Excellent!
Now stick a gold star on your diploma.

Multiply in the sky!

Multiply the numbers on the spaceships and draw lines to the correct answers.

Well done! Give yourself a gold tick.

Now stick a gold star on your diploma.

Ready for Test 2

Do the multiplications and write the answers in the boxes.

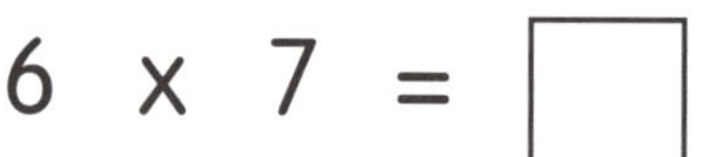

6 x 7 = ☐

7 x 12 = ☐

3 x 9 = ☐

4 x 4 = ☐

5 x 4 = ☐

4 x 7 = ☐

9 x 6 = ☐

11 x 11 = ☐

8 x 4 = ☐

12 x 6 = ☐

1 x 9 = ☐

3 x 3 = ☐

6 x 6 = ☐

8 x 3 = ☐

10 x 7 = ☐

Excellent!
Now stick a gold star on your diploma.

Missing numbers

Work out the missing numbers to complete these multiplications.

12 x 5 = ☐

10 x ☐ = 30

4 x 3 = ☐

☐ x 11 = 11

8 x ☐ = 40

9 x 3 = ☐

8 x ☐ = 72

12 x 12 = ☐

11 x 10 = ☐

6 x ☐ = 48

☐ x 4 = 24

7 x 9 = ☐

2 x ☐ = 4

12 x 8 = ☐

9 x 9 = ☐

3 x ☐ = 21

Well done! Give yourself a gold tick.

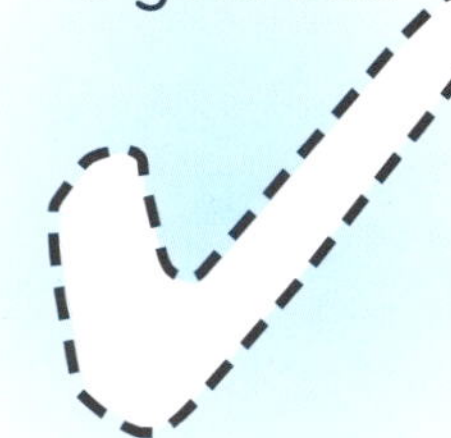

Now stick a gold star on your diploma.

Solve the problems

Read the questions carefully and work out the answers to the problems. Then write your answers in the boxes.

Share 16 books equally between 4 children. How many books each?

Share 7 whole ice creams equally between 3 children.
How many whole ice creams each?
How many left over?

Share 8 carrots equally between 2 rabbits.
How many carrots each?

Grouping

Draw rings around the following things to divide them into equal groups. How many groups are there of each thing?

Groups of 2

Groups of 3

Groups of 4

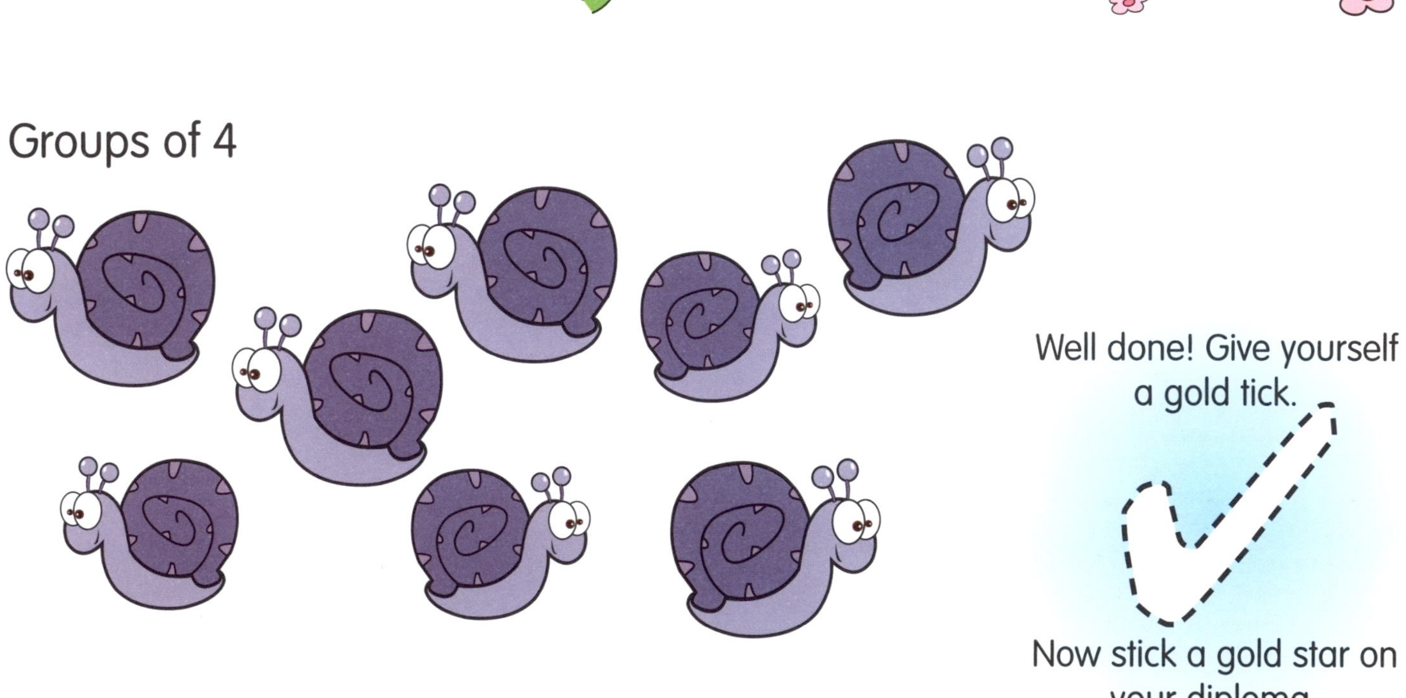

Well done! Give yourself a gold tick.

Now stick a gold star on your diploma.

Division tables

Try to learn your division tables so that you can remember them.

1 ÷ 1 = 1
2 ÷ 1 = 2
3 ÷ 1 = 3
4 ÷ 1 = 4
5 ÷ 1 = 5
6 ÷ 1 = 6
7 ÷ 1 = 7
8 ÷ 1 = 8
9 ÷ 1 = 9
10 ÷ 1 = 10
11 ÷ 1 = 11
12 ÷ 1 = 12

2 ÷ 2 = 1
4 ÷ 2 = 2
6 ÷ 2 = 3
8 ÷ 2 = 4
10 ÷ 2 = 5
12 ÷ 2 = 6
14 ÷ 2 = 7
16 ÷ 2 = 8
18 ÷ 2 = 9
20 ÷ 2 = 10
22 ÷ 2 = 11
24 ÷ 2 = 12

3 ÷ 3 = 1
6 ÷ 3 = 2
9 ÷ 3 = 3
12 ÷ 3 = 4
15 ÷ 3 = 5
18 ÷ 3 = 6
21 ÷ 3 = 7
24 ÷ 3 = 8
27 ÷ 3 = 9
30 ÷ 3 = 10
33 ÷ 3 = 11
36 ÷ 3 = 12

4 ÷ 4 = 1
8 ÷ 4 = 2
12 ÷ 4 = 3
16 ÷ 4 = 4
20 ÷ 4 = 5
24 ÷ 4 = 6
28 ÷ 4 = 7
32 ÷ 4 = 8
36 ÷ 4 = 9
40 ÷ 4 = 10
44 ÷ 4 = 11
48 ÷ 4 = 12

Dividing

Draw lines to divide these butterflies equally between 2, 3 and 4 flowers.

6 divided by 2 =

9 divided by 3 =

8 divided by 4 =

Well done! Give yourself a gold tick.

Now stick a gold star on your diploma.

Division tables

Try to learn your division tables so that you can remember them.

5 ÷ 5 = 1
10 ÷ 5 = 2
15 ÷ 5 = 3
20 ÷ 5 = 4
25 ÷ 5 = 5
30 ÷ 5 = 6
35 ÷ 5 = 7
40 ÷ 5 = 8
45 ÷ 5 = 9
50 ÷ 5 = 10
55 ÷ 5 = 11
60 ÷ 5 = 12

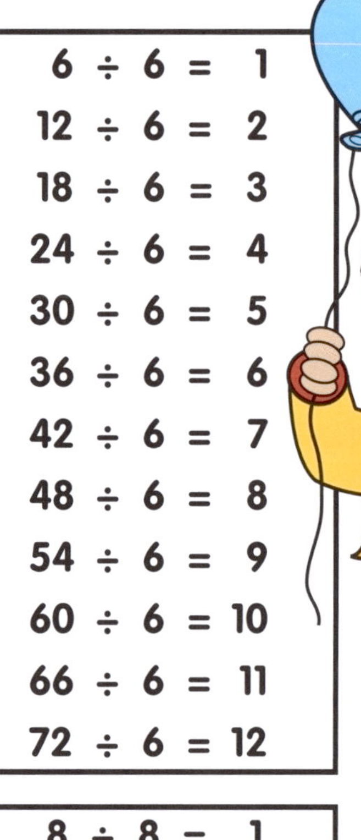

6 ÷ 6 = 1
12 ÷ 6 = 2
18 ÷ 6 = 3
24 ÷ 6 = 4
30 ÷ 6 = 5
36 ÷ 6 = 6
42 ÷ 6 = 7
48 ÷ 6 = 8
54 ÷ 6 = 9
60 ÷ 6 = 10
66 ÷ 6 = 11
72 ÷ 6 = 12

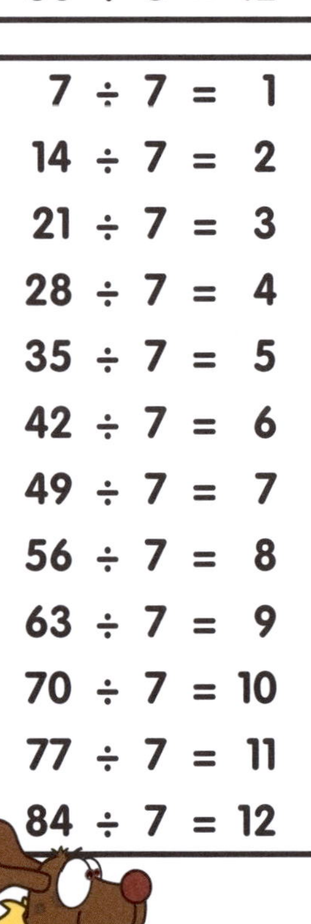

7 ÷ 7 = 1
14 ÷ 7 = 2
21 ÷ 7 = 3
28 ÷ 7 = 4
35 ÷ 7 = 5
42 ÷ 7 = 6
49 ÷ 7 = 7
56 ÷ 7 = 8
63 ÷ 7 = 9
70 ÷ 7 = 10
77 ÷ 7 = 11
84 ÷ 7 = 12

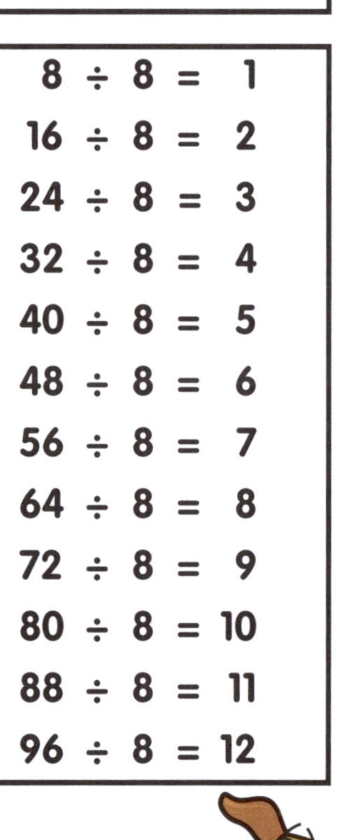

8 ÷ 8 = 1
16 ÷ 8 = 2
24 ÷ 8 = 3
32 ÷ 8 = 4
40 ÷ 8 = 5
48 ÷ 8 = 6
56 ÷ 8 = 7
64 ÷ 8 = 8
72 ÷ 8 = 9
80 ÷ 8 = 10
88 ÷ 8 = 11
96 ÷ 8 = 12

Number stars

Divide the numbers in the stars and write the answers in the boxes.

$81 \div 9$ =

$35 \div 5$ =

$12 \div 6$ =

$49 \div 7$ =

$3 \div 3$ =

$20 \div 5$ =

$32 \div 4$ =

$55 \div 11$ =

$55 \div 5$ =

$24 \div 8$ =

Well done! Give yourself a gold tick.

Now stick a gold star on your diploma.

Solve the problems

Read the questions carefully and work out the answers to the problems. Then write your answers in the boxes.

Share 9 leaves equally between 2 elephants. How many whole leaves each? How many leaves left over?

Share 9 balloons equally between 3 clowns. How many balloons each?

Share 14 bananas equally between 7 monkeys. How many bananas each?

Excellent! Now stick a gold star on your diploma.

Juggling numbers

Work out the missing numbers to complete these divisions.

6 ÷ 3 = ☐

☐ ÷ 2 = 8

☐ ÷ 7 = 6

24 ÷ ☐ = 6

27 ÷ 3 = ☐

30 ÷ 5 = ☐

56 ÷ ☐ = 7

☐ ÷ 7 = 6

63 ÷ 7 = ☐

60 ÷ ☐ = 12

Well done! Give yourself a gold tick.

Now stick a gold star on your diploma.

Ready for Test 3

Do the divisions and write the answers in the boxes.

6 ÷ 3 = ☐

14 ÷ 2 = ☐

25 ÷ 5 = ☐

27 ÷ 9 = ☐

4 ÷ 2 = ☐

64 ÷ 8 = ☐

40 ÷ 4 = ☐

5 ÷ 5 = ☐

21 ÷ 7 = ☐

8 ÷ 2 = ☐

9 ÷ 1 = ☐

44 ÷ 11 = ☐

63 ÷ 7 = ☐

20 ÷ 2 = ☐

45 ÷ 5 = ☐

24 ÷ 4 = ☐

35 ÷ 7 = ☐

18 ÷ 6 = ☐

3 ÷ 3 = ☐

36 ÷ 6 = ☐

15 ÷ 5 = ☐

70 ÷ 7 = ☐

16 ÷ 8 = ☐

28 ÷ 4 = ☐

12 ÷ 3 = ☐

56 ÷ 7 = ☐

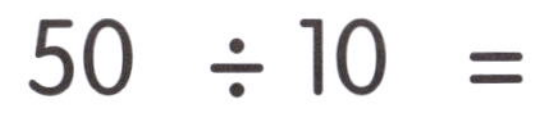

50 ÷ 10 = ☐

Well done! Give yourself a gold tick.

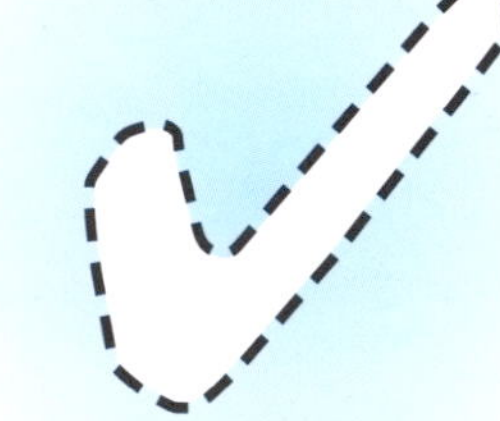

Now stick a gold star on your diploma.

Is that the answer?

Find the division that matches the answer at the bottom of each box.
Draw a ring around each division that matches.

6 ÷ 3
22 ÷ 2
25 ÷ 5
27 ÷ 9
3

12 ÷ 4
32 ÷ 8
60 ÷ 6
10 ÷ 5
10

64 ÷ 8
72 ÷ 12
18 ÷ 6
81 ÷ 9
8

36 ÷ 9
20 ÷ 2
16 ÷ 8
12 ÷ 4
4

50 ÷ 10
96 ÷ 12
18 ÷ 9
24 ÷ 4
6

88 ÷ 11
28 ÷ 4
12 ÷ 6
72 ÷ 9
7

More missing numbers

Work out the missing numbers to complete these divisions.

24 ÷ ☐ = 4

☐ ÷ 9 = 2

70 ÷ ☐ = 10

99 ÷ 9 = ☐

☐ ÷ 6 = 8

27 ÷ ☐ = 3

32 ÷ 4 = ☐

☐ ÷ 9 = 5

30 ÷ 6 = ☐

10 ÷ ☐ = 2

☐ ÷ 8 = 9

40 ÷ 5 = ☐

90 ÷ ☐ = 9

56 ÷ ☐ = 7

6 ÷ 3 = ☐

☐ ÷ 8 = 3

Well done! Give yourself a gold tick.

Now stick a gold star on your diploma.

Division tables

Try to learn your division tables so that you can remember them.

9	÷	9	=	1
18	÷	9	=	2
27	÷	9	=	3
36	÷	9	=	4
45	÷	9	=	5
54	÷	9	=	6
63	÷	9	=	7
72	÷	9	=	8
81	÷	9	=	9
90	÷	9	=	10
99	÷	9	=	11
108	÷	9	=	12

10	÷	10	=	1
20	÷	10	=	2
30	÷	10	=	3
40	÷	10	=	4
50	÷	10	=	5
60	÷	10	=	6
70	÷	10	=	7
80	÷	10	=	8
90	÷	10	=	9
100	÷	10	=	10
110	÷	10	=	11
120	÷	10	=	12

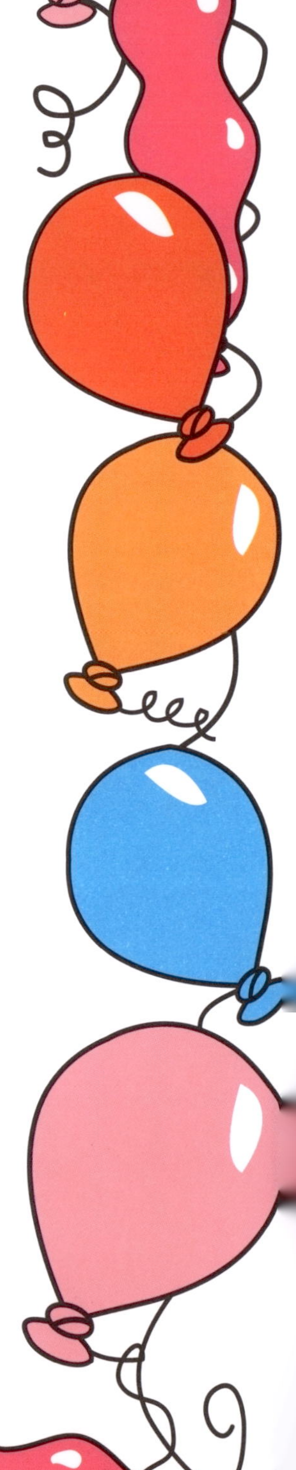

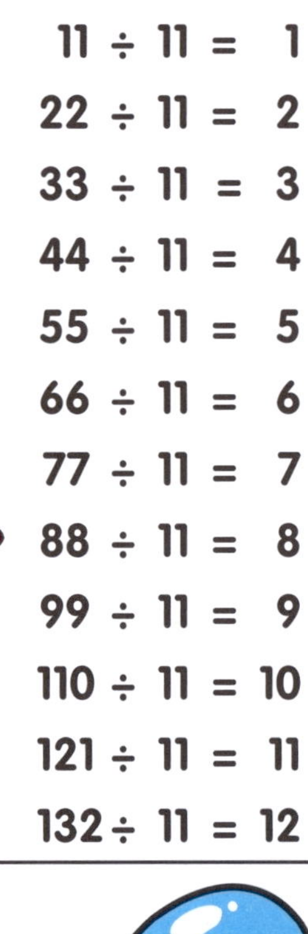

11	÷	11	=	1
22	÷	11	=	2
33	÷	11	=	3
44	÷	11	=	4
55	÷	11	=	5
66	÷	11	=	6
77	÷	11	=	7
88	÷	11	=	8
99	÷	11	=	9
110	÷	11	=	10
121	÷	11	=	11
132	÷	11	=	12

12	÷	12	=	1
24	÷	12	=	2
36	÷	12	=	3
48	÷	12	=	4
60	÷	12	=	5
72	÷	12	=	6
84	÷	12	=	7
96	÷	12	=	8
108	÷	12	=	9
120	÷	12	=	10
132	÷	12	=	11
144	÷	12	=	12

Party divisions

Work out the missing numbers to complete these divisions.

4 ÷ ☐ = 1

☐ ÷ 4 = 2

21 ÷ ☐ = 3

54 ÷ 6 = ☐

☐ ÷ 6 = 6

63 ÷ ☐ = 7

49 ÷ 7 = ☐

☐ ÷ 9 = 11

12 ÷ 6 = ☐

36 ÷ ☐ = 4

☐ ÷ 9 = 1

56 ÷ 7 = ☐

42 ÷ ☐ = 6

18 ÷ ☐ = 3

20 ÷ 4 = ☐

☐ ÷ 7 = 4

Well done! Give yourself a gold tick.

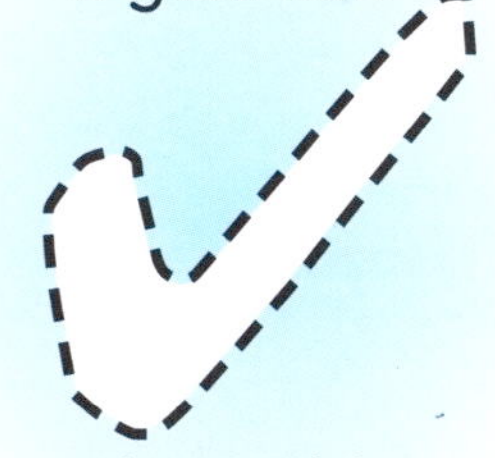

Now stick a gold star on your diploma.

Answers

Busy bees
3 lots of 3 = 9
4 lots of 3 = 12

Flower power
2 x 4 =8 petals
3 x 4 =12 petals
4 x 4 =16 petals

Dinosaur threes
3 x 3 = 9
4 x 3 = 12
5 x 3 = 15

Ladder multiples
6 x 2 = 12
4 x 4 = 16
4 x 5 = 20
7 x 3 = 21

Puzzling times

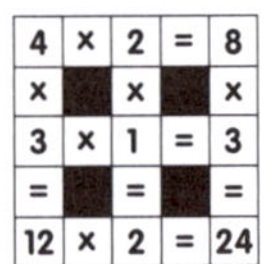

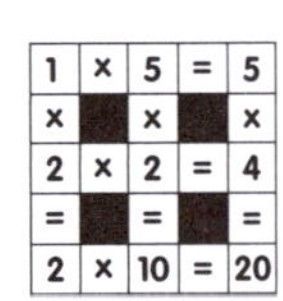

Maths is magic
3 x 3 = 9
4 x 6 = 24
10 x 4 = 40

Time for a crossword

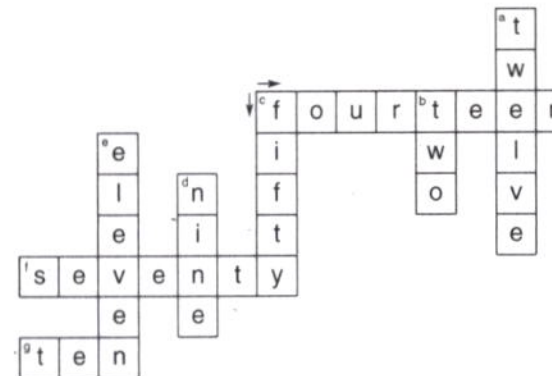

Space times
6 x 6 = 36
7 x 7 = 49
8 x 8 = 64

Jungle multiplications
2 x 2 = 4
3 x 5 = 15
7 x 2 = 14
3 x 3 = 9
6 x 5 = 30
9 x 2 = 18
4 x 5 = 20
1 x 3 = 3
4 x 4 = 16
7 x 8 = 56
2 x 4 = 8
11 x 3 = 33
9 x 5 = 45
6 x 6 = 36
8 x 3 = 24
4 x 7 = 28

Ready for Test 1
4 x 1 = 4
2 x 2 = 4
4 x 5 = 20
8 x 8 = 64
1 x 3 = 3
5 x 8 = 40
6 x 7 = 42
11 x 2 = 22
10 x 10 =100
6 x 9 = 54
3 x 12 = 36
2 x 8 = 16
7 x 6 = 42
5 x 5 = 25
3 x 6 = 18

Multiply in the sky!
4 x 10 = 40
5 x 6 = 30
6 x 7 = 42

Ready for Test 2
6 x 7 = 42
7 x 12 = 84
3 x 9 = 27
4 x 4 = 16
5 x 4 = 20
4 x 7 = 28
9 x 6 = 54
11 x 11 =121
8 x 4 = 32
12 x 6 = 72
1 x 9 = 9
3 x 3 = 9
6 x 6 = 36
8 x 3 = 24
10 x 7 = 70

Missing numbers
12 x 5 = 60
10 x 3 = 30
4 x 3 = 12
1 x 11 = 11
8 x 5 = 40
9 x 3 = 27
8 x 9 = 72
12 x 12 =144
11 x 10 =110
6 x 8 = 48
6 x 4 = 24
7 x 9 = 63
2 x 2 = 4
12 x 8 = 96
9 x 9 = 81
3 x 7 = 21

Solve the problems
4 books each
2 ice creams, 1 left over
4 carrots each

Grouping
ladybirds: 6 groups
rabbits: 3 groups
snails: 2 groups

Dividing
6 divided by 2 = 3
9 divided by 3 = 3
8 divided by 4 = 2

Number stars
81 ÷ 9 = 9
35 ÷ 5 = 7
12 ÷ 6 = 2
49 ÷ 7 = 7
3 ÷ 3 = 1
20 ÷ 5 = 4
32 ÷ 4 = 8
55 ÷ 11 = 5
55 ÷ 5 = 11
24 ÷ 8 = 3

Solve the problems
4 leaves each,1 left over
3 balloons each
2 bananas each

Juggling numbers
6 ÷ 3 = 2
16 ÷ 2 = 8
42 ÷ 7 = 6
24 ÷ 4 = 6
27 ÷ 3 = 9
30 ÷ 5 = 6
56 ÷ 8 = 7
42 ÷ 7 = 6
63 ÷ 7 = 9
60 ÷ 5 = 12

Party divisions
4 ÷ 4 = 1
8 ÷ 4 = 2
21 ÷ 7 = 3
54 ÷ 6 = 9
36 ÷ 6 = 6
63 ÷ 9 = 7
49 ÷ 7 = 7
99 ÷ 9 = 11
12 ÷ 6 = 2
36 ÷ 9 = 4
9 ÷ 9 = 1
56 ÷ 7 = 8
42 ÷ 7 = 6
18 ÷ 6 = 3
20 ÷ 4 = 5
28 ÷ 7 = 4

Is that the answer?
27 ÷ 9 = 3
60 ÷ 6 = 10
64 ÷ 8 = 8
36 ÷ 9 = 4
24 ÷ 4 = 6
28 ÷ 4 = 7

More missing numbers
24 ÷ 6 = 4
18 ÷ 9 = 2
70 ÷ 7 = 10
99 ÷ 9 = 11
48 ÷ 6 = 8
27 ÷ 9 = 3
32 ÷ 4 = 8
45 ÷ 9 = 5
30 ÷ 6 = 5
10 ÷ 5 = 2
72 ÷ 8 = 9
40 ÷ 5 = 8
90 ÷ 10 = 9
56 ÷ 8 = 7
6 ÷ 3 = 2
24 ÷ 8 = 3

Ready for Test 3
6 ÷ 3 = 2
14 ÷ 2 = 7
25 ÷ 5 = 5
27 ÷ 9 = 3
4 ÷ 2 = 2
64 ÷ 8 = 8
40 ÷ 4 = 10
5 ÷ 5 = 1
21 ÷ 7 = 3
8 ÷ 2 = 4
9 ÷ 1 = 9
44 ÷ 11 = 4
63 ÷ 7 = 9
20 ÷ 2 = 10
45 ÷ 5 = 9
24 ÷ 4 = 6
35 ÷ 7 = 5
18 ÷ 6 = 3
3 ÷ 3 = 1
36 ÷ 6 = 6
15 ÷ 5 = 3
70 ÷ 7 = 10
16 ÷ 8 = 2
28 ÷ 4 = 7
12 ÷ 3 = 4
56 ÷ 7 = 8
50 ÷ 10 = 5